Inhalt

Global Environment Outlook GEO-4 - Die Welt am Scheidepunkt

Kernthesen

Beitrag

Fallbeispiele

Weiterführende Literatur

Impressum

Global Environment Outlook GEO-4 - Die Welt am Scheidepunkt

I.Zeilhofer-Ficker

Kernthesen

- Im Oktober 2007 stellte die UNEP die vierte Ausgabe des Weltumweltberichtes vor.
- Daraus geht hervor, dass die Menschheit über ihre Verhältnisse lebt es werden mehr natürliche Ressourcen verbraucht, als die Erde nachliefern kann.
- Neben dem Klimawandel werden als Hauptprobleme die steigende Weltbevölkerung, die Versorgung mit Wasser und Nahrungsmitteln sowie das Artensterben genannt.

Beitrag

Wenn wir so weiter machen wie bisher, werden wir die Welt in wenigen Jahrzehnten so weit ausgebeutet und zerstört haben, dass ein Überleben der Menschheit ernstlich in Frage gestellt ist - so die Schlussfolgerung des Weltumweltberichts GEO-4. Politiker auf der ganzen Welt sind aufgefordert, jetzt die Weichen für eine nachhaltige, umweltschonende Weiterentwicklung zu stellen.

Geschichte des Weltumweltberichts

1987 veröffentlichte die Brundtland Kommission ihren Bericht Unsere Gemeinsame Zukunft das erste Dokument, das die nachteiligen Auswirkungen der Zivilisation auf die Erde anprangerte, eine nachhaltige Entwicklung einforderte und mögliche Schritte dazu aufzeigte. In den vergangenen 20 Jahren wurden seither regelmäßig Weltumweltberichte veröffentlicht. Die jüngste Version Global Environment Outlook 4 (GEO-4) wurde von der UNEP (United Nations Environment Programm = Umweltprogramm der Vereinten Nationen) im Oktober 2007 veröffentlicht. (1), (2)

Nahezu 400 Wissenschaftler aus allen Teilen der Welt haben fünf Jahre lang an dem 550-Seiten-Bericht gearbeitet, der unter dem Titel Environment for Development (Umwelt für Entwicklung) steht. Das Fazit ist frustrierend: die Menschheit lebt über ihre Verhältnisse, jeder Einzelnen verbraucht im Durchschnitt mehr natürliche Ressourcen, als die Welt auf Dauer liefern kann. Das Überleben der Menschheit ist in Gefahr. (2), (3), (4)

Doch der Bericht will keine Schwarzmalerei betreiben. Noch kann der Planet Erde mit seinem Ökosystem gerettet werden. Dazu müssen die politischen Weichen aber jetzt in die richtige Richtung gestellt werden. Als Weckruf soll das Dokument verstanden werden, als Aufruf an Regierungen und Politiker, aber auch an alle anderen Beteiligten in Wirtschaft und Nichtregierungsorganisationen, nicht mehr länger abzuwarten. Der Rettung des Planeten Erde muss überall höchste Priorität eingeräumt werden. (1), (4), (5)

Inhalt

Der vierte Weltumweltbericht greift verschiedene Problembereiche auf. Das **Bevölkerungswachstum** ist einer der Hauptgründe für die Zerstörung von Lebensräumen und Umweltschädigungen. Seit 1987 ist die Bevölkerung um 34 Prozent auf 6,7 Milliarden angewachsen. Bis 2050 sollen bereits 9,2 Milliarden Menschen auf der Welt leben. Dabei findet das Bevölkerungswachstum fast ausschließlich in den ärmsten Ländern der Welt statt. Familienplanungs- und Aufklärungsprogramme sind hier dringend erforderlich. In der Realität sinken die Entwicklungshilfeausgaben für solche Programme jedoch stetig. (2), (5), (6)

Und schon heute ist die Erde nicht in der Lage, alle Menschen, die auf ihr leben, mit **Nahrung** und sauberem **Trinkwasser** zu versorgen. Der höhere Nahrungsbedarf führt zu einem immer höher werdenden Austrag von Düngemitteln, der Flüsse und Meere verseucht. Die Nutzung von Trinkwasser für die Bewässerung von Feldern führte bereits dazu, dass schon zehn Prozent der größten Flusssysteme der Welt keinen Ozean mehr erreichen. Verschärft wird die Situation vom Wandel der Essgewohnheiten von der Getreidenahrung zum Fleischverzehr. Große Viehherden, die häufig von Nomaden gehalten werden, fressen in sowieso schon von Wasserknappheit bedrohten Gebieten jegliche Vegetation ab. Nur noch unfruchtbare Steppen und Wüsten bleiben zurück. Schon in zwanzig Jahren werden 1,8 Milliarden Menschen in Regionen leben, die unter großer Wasserknappheit leiden. (1), (2), (4), (5), (7)

Da die Nahrungsmittelproduktion erhöht werden muss, werden Wälder abgeholzt, um Platz für den Getreide-, Reis- oder Sojaanbau zu schaffen. Dies wiederum wirkt fatal auf das Weltklima, da Waldgebiete für die Aufnahme von CO_2 aus der Luft essentiell sind. (4), (5)

Das exzessive **Konsumverhalten** der Menschen in den Industriestaaten, die weiter fortschreitende Globalisierung und der wachsende Ressourcenbedarf in den sich rasant entwickelnden Schwellenländern ist sicher einer der Hauptgründe für den bereits wirksamen Klimawandel. Der schnell steigende weltweite Energiebedarf geht einher mit so hohen Kohlendioxidemissionen, die die Atmosphäre der Erde nicht mehr verkraften kann. Der GEO-4 fordert daher eine Reduzierung der Treibhausgasemissionen bis 2050 um mindestens 60 Prozent. (4)

Die **Globalisierung** fordert Opfer. Mit der Verlagerung von großen Teilen der industriellen Produktion in Schwellen- und Entwicklungsgebieten haben die Industrieländer auch einen großen Teil ihrer Probleme mit exportiert. Die Verseuchung von Böden und vor allem Flüssen in weiten Teilen Asiens ist allseits bekannt und auch die Luftverschmutzung hat in manchen Stadtgebieten schon fatale Ausmaße angenommen. So sterben rund drei Millionen Menschen Jahr für Jahr an Krankheiten, die von dreckigem Wasser verursacht werden, zwei Millionen jährliche Todesfälle werden der Luftverschmutzung zugeschrieben. 2,6 Milliarden Menschen haben keinen Zugang zu sanitären Anlagen. Dagegen aufzurechnen ist natürlich der steigende Lebensstandard in den Schwellenländern, der in höheren weltweiten Durchschnittseinkommen erkennbar ist. (5), (9)

60 Prozent unserer **Ökosysteme** sind geschädigt oder werden übernutzt. Der Artenschwund nimmt mit rasendem Tempo zu. 25 Prozent der Säugetiere, 30 Prozent der Amphibien und 12 Prozent der Vogelarten sind vom Aussterben bedroht, ebenso wie 30 Prozent der Fischbestände in den Weltmeeren. Seit 1987 haben sich die Bestände an Süßwasserfischen halbiert. 73 000 Quadratkilometer Wald und damit die darin vorkommenden vielfältige Pflanzen- und Tierwelt verschwinden pro Jahr. Sogenannte Todeszonen, das heißt Meeresgebiete, denen aller Sauerstoff entzogen wurde und in denen kein Leben mehr vorkommt, breiten sich aufgrund der hohen Phosphat- und Nitrateinträge aus. Positiv wird vermerkt, dass sich die Geschwindigkeit der Rodung von Waldgebieten in den letzten Jahren deutlich verringert hat. Zudem erhöht sich der Anteil von Flächen, die unter Naturschutz stehen, kontinuierlich.

(2), (3), (5), (8)

Vier Zukunftsszenarien

Als Ausblick in die mittelfristige Zukunft bis 2050 haben die Wissenschaftler vier Szenarien entwickelt und deren Auswirkungen auf die einzelnen Umwelt- und Sozialaspekte prognostiziert. Diesen Szenarien wurden verschiedene Top-Prioritäten der politischen Entscheidungen zugeordnet. Ein Szenario setzt die Umweltbelange an oberste Stelle, ein anderes die Sicherung bzw. Erhöhung des Besitzstandes Einzelner, ein drittes das maximal mögliche Wirtschaftswachstum und das letzte stringente politische Regulierungen, die sowohl das Wirtschaftswachstum als auch den Umweltschutz und das Wohlergehen der Menschen in den Mittelpunkt stellt. Das Markt getriebene sowie das Besitzstand wahrende Szenario zeigen als Resultat eine unumkehrbare Schädigung der Umwelt bei gleichzeitiger Verschärfung der sozialen Ungerechtigkeiten auf. Andererseits wird die wirtschaftliche Entwicklung nur marginal beeinträchtigt, wenn man den Umweltschutz als oberste Priorität zementiert. (9), (10)

Fallbeispiele

Begünstigt durch die anhaltenden kriegerischen Auseinandersetzungen und daraus resultierenden fünf Millionen Flüchtlingen, wurde die Natur in weiten Landstrichen des Sudan völlig ausgeplündert. Seit 1930 haben sich die Wüsten im Sudan um 200 Kilometer ausgedehnt. Die Nahrungsmittelproduktion reduzierte sich dadurch um 20 Prozent. Durch geringere Niederschläge erwartet man nochmals um 20 Prozent niedrigere Ernteerträge in den nächsten Jahren. Verschärft wird das Problem von den zunehmenden, im Land umher ziehenden Rinder-, Schaf- und Ziegenherden, die die Reste der spärlichen Vegetation abfressen. Als Nomaden haben die Viehzüchter kein Interesse an der nachhaltigen Bewirtschaftung des Bodens. Ein UNEP-Bericht schlägt als Lösung ein verstärktes Engagement für das Umweltmanagement vor, womit Konflikte vermieden und die generelle Versorgungssituation nachhaltig verbessert werden könnte. Für fünf Jahre wären dafür 120 Million Dollar notwendig. (7)

22 000 Quadratmeter groß ist die Todeszone im Golf von Mexiko. Keine Fische oder andere

Meeresbewohner findet man mehr in diesem Gebiet, dem die Einträge von Düngemitteln aus dem Mississippi den gesamten Sauerstoff entzogen haben. Ähnliche Zonen findet man aber auch in der Ostsee, die jedes Jahr 35 000 Tonnen Phosphor und eine Million Tonnen Stickstoff aufnehmen muss. Hier ist die Agrarpolitik dringend gefordert, von ihrer desaströsen Förderung der Massenproduktion abzurücken und stattdessen umweltverträglichere Anbaumethoden vorzuziehen. (11)

Weiterführende Literatur

(1) Wassermangel bedroht zwei Milliarden Menschen
UN-Bericht zur Lage der globalen Umwelt - Dürren in Europa - Zu wenig sauberes Trinkwasser
aus DIE WELT, 26.10.2007, Nr. 250, S. 5

(2) O.V., UN Report Warns of Environmental Train Wreck, Spiegel Online, 26.10.2007
aus DIE WELT, 26.10.2007, Nr. 250, S. 5

(3) Die Welt wird lebensgefährlich
aus Süddeutsche Zeitung, 26.10.2007, Ausgabe Deutschland, Bayern, München, S. 20

(4) Eine Frage des Überlebens Alarmierender Bericht der UN-Umweltorganisation / Millionen Tote durch verseuchtes Wasser und dreckige Luft
aus Frankfurter Rundschau v. 27.10.2007, S.5,

Ausgabe: S Stadt

(5) Offizielle Internetseite zu GEO-4 der UNEP (Gesamtbericht in Englisch als PDF zum Download)
aus Frankfurter Rundschau v. 27.10.2007, S.5, Ausgabe: S Stadt

(6) Mehr in Aufklärung investieren
aus Süddeutsche Zeitung, 09.11.2007, Ausgabe Deutschland, Bayern, München, S. 12

(7) Umweltschäden als Kriegsgrund Unep-Studie: Volksgruppen im Sudan kämpfen um knapper werdende Ressourcen
aus Frankfurter Rundschau v. 23.06.2007, S.8, Ausgabe: S Stadt

(8) Millionen Tote durch verschmutzte Umwelt
aus Süddeutsche Zeitung, 26.10.2007, Ausgabe Bayern, München, Deutschland, S. 1

(9) Umwelt macht krank
aus taz, 26.10.2007, S. 2

(10) Beim Klimaschutz läuft die Zeit davon
aus Handelsblatt Nr. 223 vom 19.11.07 Seite 3

(11) Meere sterben den Düngerkollaps Nicht nur auf dem Land breiten sich die menschengemachten Wüsten aus. Auch die Todeszonen im Meer nehmen zu - im Golf von Mexiko auf ein neues Rekordausmaß. Die größten leblosen Bereiche gibt es aber in der Ostsee. Hilfe ist möglich, aber fern

aus taz, 27.07.2007, S. 8

Impressum

Global Environment Outlook GEO-4 - Die Welt am Scheidepunkt

Bibliografische Information der deutschen Nationalbibliothek

Die Deutsche Nationalbibliothek verzeichnet diese Publikation in der deutschen Nationalbibliografie; detaillierte bibliografische Daten sind im Internet über http://dnb.d-nb.de abrufbar.

ISBN: 978-3-7379-1482-6

© 2015 GBI-Genios Deutsche Wirtschaftsdatenbank GmbH, Freischützstraße 96, 81927 München, www.genios.de

Alle Rechte vorbehalten. Dieses Werk ist einschließlich aller seiner Teile – z.B. Texte, Tabellen und Grafiken - urheberrechtlich geschützt. Jede Verwertung außerhalb der Grenzen des Urheberrechtsgesetzes bedarf der vorherigen Zustimmung des Verlags. Dies gilt insbesondere auch für auszugsweise Nachdrucke, fotomechanische

Vervielfältigungen (Fotokopie/Mikroskopie), Übersetzungen, Auswertungen durch Datenbanken oder ähnliche Einrichtungen und die Einspeicherung und Verarbeitung in elektronischen Systemen.